Je m'appelle Fantine

Valérie Chèze Masgrangeas

Je m'appelle Fantine

Récit

© 2021 Valérie Chèze Masgrangeas

Édition : BoD – Books on Demand,
12/14 rond-point des Champs-Élysées, 75008 Paris
Impression : BoD - Books on Demand,
Norderstedt, Allemagne

ISBN : 978-2-3224-0126-0
Dépôt légal : Novembre 2021

À ma fille Fantine dont je n'ai jamais vu la couleur des yeux.

À ma fille Léa qui m'a fait naître mère.

« *La blessure est le lieu par où la Lumière entre en vous.* »

Jalal Al-Din Rûmi

« *Parler de ses peines, c'est déjà se consoler.* »
Albert Camus

« *Tu n'es plus là où tu étais, mais tu es partout là où je suis.* »
Victor Hugo

Une étoile est née

    Depuis dix-huit ans je vole. Je vole dans le firmament, je vais au gré de mes envies, de mes souvenirs et là où le vent me porte. Mon monde est un dégradé de noirs, de gris, de bleus, avec une lueur tout en bas. Une grosse boule de lumière entourée d'un halo plus sombre, qui tourne, tourne à n'en plus finir, qui vire à me donner le tournis. Aussi le plus souvent je ne la regarde pas, enfin j'essaie, tant je suis happée par mes souvenirs, ou le peu que j'en ai.

Car j'ai simplement failli entrer dans cette nébuleuse, je n'ai fait qu'y passer. Mon corps l'a effleurée un soir de décembre quand il n'était qu'un petit être en projet, en latence, en formation, en devenir. Mon âme n'a fait que frôler la surface de ce monde, laissant une trace indélébile dans le cœur de ceux qui auraient dû être les miens, si seulement On avait voulu me faire entrer dans leur monde. Qui est ce « On » qui m'a refusé la porte du bonheur ? Qui se cache derrière cet être sans âme, sans chaleur, sans douceur ? Je ne le saurai jamais et je dois vivre avec cette faille. Vivre non, mais survivre en tout cas, oui, sur-vivre, survoler ceux qui auraient dû être les miens, les regarder vivre et les protéger. Voilà quel est mon destin maintenant.

Je m'appelle Fantine et j'aurais eu dix-huit ans cette année.

La rencontre

Avril 1992. Tu dois aller dîner chez ton amie Karine. Un petit repas à la bonne franquette entre copains. Tu as enfilé ton jean 501 délavé, un t-shirt, des mocassins plats et une veste cintrée. Tu t'es maquillée légèrement. Un peu de fond de teint, de l'eye-liner et du mascara, le tout rehaussant joliment ton visage encadré d'un carré châtain. Tu montes dans la voiture de ta mère et tu parcours les trente kilomètres en chantant du Sardou à pleins poumons. En arrivant en ville, dans le quartier de la gare, tu as eu du mal à trouver une place. En ce samedi soir tout le monde est de sortie. Après un petit détour chez un fleuriste, tu sonnes rue de Turenne. Et quand la porte s'ouvre, tu te trouves soudain face à un jeune-homme inconnu.

Cachée derrière ton bouquet, tu te présentes, un peu intimidée. En le suivant à l'étage tu te mets à trembler légèrement. Toi d'ordinaire si à l'aise tu deviens gauche quand tu te trouves impressionnée. Et ce garçon est le charme personnifié : les cheveux un soupçon ébouriffés, le regard franc et rieur, l'accent chantant. Originaire de Toulouse et fils d'amis de la famille, il est venu passer le week-end dans la petite ville avec l'un de ses amis. La soirée se déroule merveilleusement. Vous parlez, vous riez et même vous chantez accompagnés d'une batterie improvisée sur des casseroles. En plus d'être charmant il est batteur. Un musicien. Toi qui joues du violoncelle depuis des années cela t'émeut. Tu rentres au milieu de la nuit, ivre d'une sensation nouvelle : tu as le sentiment que c'est Lui l'homme de ta vie et que tu dois le revoir à tout prix. Mais tu n'oseras jamais le rappeler.

Une prière

5 juillet 1997. Le grand jour est enfin arrivé. Le garçon brun à l'accent chantant et au regard franc et rieur t'épouse ! Après un passage à la mairie dans le village le plus proche, vous allez sceller votre union devant Dieu. Lorsque tu aperçois, en haut de la côte, la petite église et le château derrière, ton cœur se serre. C'est là que tu vas te marier.

Derrière ton voile et dans ton fourreau de soie sauvage de couleur ivoire, les yeux ornés de ton éternel trait d'eyeliner, tu arrives devant la jolie porte sainte. Tu prends le bras de ton père et, au son du prélude de la première suite pour violoncelle seul de Jean-Sébastien Bach, joué sur ton violoncelle par ta chère professeure, vous rejoignez l'autel, lentement, savourant chaque note. Tu avances, posant doucement les talons sur les pavés disjoints, pressant légèrement le bras de ton père pour le faire ralentir – tu dois regagner ta chaise et ton fiancé sur l'accord final. Ton père sourit, fier et fébrile de marier sa fille unique.

La petite église est bondée. La famille, les amis, les voisins sont venus pour célébrer cette union, promesse de jours heureux et de lendemains joyeux. À l'intérieur des murs ils chantent, faisant monter leurs prières qui commencent par « *faites que jamais rien ne nous sépare, faites que jamais rien ne s'arrête* ». Ce sublime texte de Michel Jonasz remplit les allées et touche les âmes. « *Une prière comme un rempart, aux facéties du hasard, pour que jamais, jamais rien ne change, et que rien ne nous sépare de l'amour* ».

La joie

Avril 2001. Des jours, des semaines, des mois, des années que vous attendiez ce moment. Tes cousines et tes amies t'ont précédée. Elles ont annoncé, tout à tour, avec un bonheur sans nom dans la voix, qu'elles allaient être maman. Dans neuf mois ou dans six. Et toi, tu t'es forcée à sourire, à les féliciter, à être heureuse pour elles. Mais au fond tu étais envieuse. Tu l'as toujours reconnu. Pas jalouse mais envieuse. Pourquoi elles et pas toi ? Qu'avais-tu fait ? Ou mal fait ?

Et puis un jour, enfin, ton rêve est enfin à portée de main. Votre rêve car c'est l'envie de vous deux. Après des jours et des jours d'attente, d'espoir, de déception puis d'espoir à nouveau, cette fois-ci votre tour est enfin arrivé. Vous allez devenir parents. Tu es enceinte et tu caresses ton petit ventre à la rondeur à venir. Tu portes la vie en toi, cette vie que tu voulais si fort et si intensément, cette vie pour laquelle tu as fait tant de sacrifices.

Tant de fois les mêmes sensations, les mêmes déceptions. Un jour le cœur qui s'emballe, des papillons dans le ventre. Et le lendemain soudain tout qui s'arrête, l'impression de toucher violemment le fond et de s'écraser. Puis un beau jour, de nouveau, un rebond venu d'on ne sait où, infime espérance qui renait et tout recommence. Tant d'heures passées à l'hôpital, tant de nuits sans sommeil, tant de doutes. Des cachets, des piqûres et enfin une fécondation *in* vitro. Une seule. Et deux mots tapés dans un dossier dont ton époux a dérobé la lecture sur ton lit d'hôpital : stérilité inexpliquée. Vous sortiez tout juste de la salle d'insémination où le Professeur Sigaud avait officié tel un magicien avec son chapeau de Merlin l'Enchanteur et tu patientais sous le drap immaculé. Stérilité inexpliquée. Aujourd'hui tu respires enfin, lisant dans les yeux de ton époux de la fierté et du soulagement aussi. Enfin vous allez pouvoir savourer cette attente, enfin vous allez pouvoir passer à autre chose. Tu as le sentiment que c'est enfin ton tour. Et que vous l'avez bien mérité. L'envie laisse la place à de l'espérance et tu voudrais voler au-dessus de ces quelques mois et tenir enfin votre bébé dans tes bras.

Le printemps se termine et l'été s'annonce gai et insouciant. Première échographie et belle surprise : vous n'allez pas avoir un bébé mais deux. Tu ne t'en serais jamais doutée, tu ne sens rien encore. Et pourtant vous les voyez tous les deux sur l'écran, ces petits corps encore à peine esquissés. Vous devinez leurs profils, l'ovale d'une joue bombée, un petit nez qui se forme. Et déjà vous les aimez tendrement. Les jours qui suivent vous retombez de votre nuage et ne pensez que double poussette, lits, layettes, prénoms.

Chacun de votre côté vous faites des listes. Pour toi ce sera Clémentine, Éléonore, Jade, Éva, Emma ou bien Louis si c'est un garçon. Pour ton mari Clémentine, Jade, Jeanne ou Antoine.

Vous regardez les photos de l'échographie en boucle, essayant de deviner les contours, les formes, les ombres de vos deux petits trésors.

Vous pouvez l'annoncer autour de vous. La joie illumine vos visages. Vous faites plaisir à voir.

L'été se passe. Il aurait dû être léger mais un voile gris s'est déposé sur tes paupières. Tu aurais tellement voulu vivre cette grossesse sereinement. Ton père est malade. Tu viens de l'apprendre et tu essaies de ne pas penser aux conséquences. Une leucémie cela se soigne bien non ? Il est en forme, en excellente santé et d'un moral d'acier. Il va s'en sortir. Pendant les semaines qui viennent il lutte dans une chambre stérile pendant que toi tu couves. Il lutte contre la mort pendant que tu prépares la vie. Étrange sensation. Sentiment d'injustice.

Août tire à sa fin, ton père est sorti et vous profitez des derniers rayons au bord de la piscine. Il n'a pas perdu son sourire, il n'a pas perdu sa foi, si heureux à l'idée de devenir grand-père. Je te surprends encore de temps en temps à regarder une photo de cet été-là. Ton père est dans l'eau, accoudé au bord et son large sourire accroche l'objectif. Son regard franc laisse présager qu'il va se battre et gagner. Il a souffert mais il veut croire que tout cela finira et qu'il oubliera l'angoisse de ses résultats médicaux. Il a toujours été optimiste et il va le rester.

Ta cousine Pascale accouche de ses jumelles et tu es profondément heureuse pour elle. Bientôt toi aussi ce sera ton tour. Tu imagines déjà les cousins jouant dans le jardin, quatuor magique, descendance logique. Il y avait des jumeaux dans la famille. Ton grand-père et sa sœur.

Septembre arrive et avec lui la promesse de la rentrée et de retrouver tes collègues, tes élèves. Tu as toujours aimé les rentrées. Ranger ton bureau, changer tes meubles de place, préparer tes cours. Et cette année tu seras si fière d'arborer ton ventre vainqueur. Tu choisis à l'avance ta tenue. Une jolie robe aux tons vifs. L'avant-veille des retrouvailles ton chemin t'amène vers l'échographie morphologique du quatrième mois de grossesse. La rentrée attendra. Septembre est le mois des rendez-vous.

L'annonce

Septembre 2001. Le hasard est facétieux. Vous rentrez dans la salle d'échographie. Tu t'allonges, émue à l'idée de revoir vos jumeaux. Ton regard se porte vers l'écran. Ils sont là, ils ont bien grandi et ils semblent flotter dans un coton humide et protecteur. Filles ou garçons ? Ou bien le choix du roi comme on dit ? Tu ne le sais pas encore. Tu observes Madame Marchaud et soudain tu frémis. Imperceptiblement tu notes que quelque chose a changé. Son regard est concentré, ses sourcils sont légèrement froncés. On dirait qu'elle recherche quelque chose, prenant plusieurs angles de vue. Le silence devient pesant. Soudain inquiète tu as froid. Tu regardes ton époux. Vos regards se croisent. Il est tendu lui aussi. Madame Marchaud détaille ce qu'elle visualise sur l'écran, encore et encore. Puis elle se tourne vers vous deux et, avec le plus de douceur et de tact possible, elle annonce qu'il y a un souci et qu'elle va vous l'expliquer.

Ton cœur s'arrête. Tes mains deviennent moites. Tu attends.

Elle projette un cercle sur le crâne de l'un des bébés pour mesurer son périmètre crânien et vous le voyez parfaitement, il épouse le crâne du fœtus en tous points. Elle revient au second fœtus et vous le montre. Vous comprenez très vite qu'il y a un problème. Le crâne semble déformé. L'atmosphère devient glaciale. Ton cerveau est prêt à exploser. Une migraine prend ta tête en étau. Que se passe-t-il ? Qu'arrive-t-il à ce petit bout de chou ? Tu sembles perdue. Votre monde s'effondre en une fraction de seconde. Des larmes commencent à couler sur tes joues alors qu'aucuns mots ni aucuns maux ne se sont encore déposés sur les lèvres de Madame Marchaud. Le regard brouillé, tu devines qu'elle va parler et tu te reconcentres. Tu essaies d'oublier les coups sous tes tempes pour entendre ce qu'elle va vous annoncer, pour apprendre ce qui arrive à ce futur bébé.

Une amniocentèse devra le confirmer mais elle peut d'ores et déjà affirmer que l'un des jumeaux a un *spina-bifida aperta*. Le mot claque contre vos crânes et c'est une violence inouïe. Inimaginable. Le futur heureux fait son clap de fin. Terminé. Fin de la première partie. Maintenant il va falloir jouer la deuxième et rien n'est gagné.

Vous viviez dans la joie de cette attente et voici qu'une vague d'une monstrueuse violence vient de broyer tout futur heureux. Tout l'espoir que vous aviez porté dans la naissance de vos bébés s'écroule en un instant. Un minuscule grain de sable vient d'enrayer ce mystère de la création et ton trait d'eyeliner coule pour la première fois depuis des mois. Puis c'est un torrent de larmes qui t'inonde et tu vois ton mari pleurer. Tu réalises que tu ne l'avais jamais vu pleurer.

Tu suffoques en entendant la description de cette anomalie : *bug* lors de la création de la colonne vertébrale, absence de fermeture postérieure du canal osseux dans lequel se trouve la moelle épinière, absence de cervelet, ne marchera jamais, ne parlera jamais.

Mille questions te viennent. Comment l'autre bébé va-t-il se développer ? Comment va se passer l'accouchement ? Pourquoi lui ? Pourquoi nous ? Comment allez-vous faire face ? Et pour la première fois de votre vie vous allez devoir faire un choix, lourd de conséquence.

Tout doucement, tout en douceur, Madame Marchaud vous explique ce qui se passera si ce bébé naît, ce qui surviendra s'il vit. Et très vite, elle vous explique que vous avez le pouvoir d'en décider autrement, que vous avez le choix de lui épargner cette vie qui n'en serait pas une. Tout se brouille dans ton esprit, ton chagrin t'empêche de réfléchir posément.

Instinctivement tu as un sentiment de rejet. Ton ventre te fait peur. Tu ne veux plus regarder l'écran, tu ne veux plus regarder ce bébé qui va si mal. Tu ne voudras le voir pour rien au monde. Il t'effraie. Puis tu te raisonnes et penses à lui, à son jumeau. Tout va très vite. Ces sentiments contradictoires affluent tous en même temps, en une minute à peine. Comment vas-tu vivre ces prochains mois ? Personne ne t'a jamais préparée à ça...

Mais qui serait préparé à ça ? Porter la vie et la mort programmée en même temps. C'est inconcevable. Tu aurais pu tout imaginer mais pas ça. Mais qu'as-tu donc fait pour subir cela ? Personne ne devrait jamais avoir à le vivre. Jamais ! Et qui pourra comprendre.

Personne. Et l'avenir te donnera raison... Il faut le vivre pour savoir.

Décider de garder ce bébé ? Il mènera une vie végétative. Son jumeau verrait tous les jours son reflet déformé, en indicible souffrance, sans joie, sans heureux lendemain, sans avenir. Tu ne peux pas imaginer infliger à un enfant le reflet de son double mais en moins bien, malade, immobile, asservi, prisonnier d'un choix qui n'aurait sans doute pas été le sien. Tu ne peux pas lui infliger de vivre sa vie en toute liberté en sachant son double condamné à la subir, à souffrir, à le regarder vivre. Comment serait votre vie ? Tu as le sentiment d'être égoïste. Tu ne veux pas être cloîtrée, un bébé anormal à la maison.

Décider de ne pas le garder ? Que dire à son jumeau ? Quand ? Comment ? Que vont penser les gens ? Non, tu ne te poses pas cette question. Tu as toujours mené ta barque en faisant confiance à ton destin, tu ne vas pas changer et ton mari est pareil. Les autres ne sont pas un problème. Vous allez prendre votre décision. Seuls.

On vous laisse un peu de temps. Mais on programme l'amniocentèse dans la quinzaine. Cela t'effraie car tu sais qu'il y a un risque, le risque de perdre tes deux bébés. Tu mets la main sur ton ventre. Tout est calme comme si rien ne s'était jamais passé. Tes bébés semblent avoir traversé la tempête de tes sentiments. Ils sont calmes.

Madame Marchaud t'écoute, sans te juger. Elle te prend par le bras et te raccompagne vers le couloir de sortie, expliquant qu'elle va vous prendre un rendez-vous avec Madame Favre, une sage-femme spécialisée dans l'accompagnement des parents qui perdent un enfant. Un timide merci se dépose au bord de tes lèvres. Tu ne peux plus. Tu es épuisée par tant d'émotion. Il te semble que votre vie à tous est en suspens.

Jours après jours, nuits après nuits

Vous rentrez dans votre appartement qui vous semble gris, triste et froid alors qu'il n'était que lumière et chaleur voici quelques heures encore.

Les jours s'enchainent, mornes et vides. Tu es allée à la réunion de pré-rentrée mais tu n'as fait qu'y passer, rapidement. Telle une ombre tu as survolé la cour. Personne ne t'a posé de question. Tout le monde a très vite su. Tu croises des regards chaleureux, des regards embarrassés, des regards distants, des regards qui se détournent. Le bonheur attire, le malheur fait peur. Fuir plutôt que t'affronter. Fuir plutôt que te parler. Tu ne leur en veux pas. Comment aurais-tu fait toi ? Tu ne sais pas.

L'angoisse chevillée au corps vous tentez d'avancer, plus soudés que jamais malgré l'annonce, horrible, imprescriptible. Une phrase cogne sous tes tempes, toutes les heures, tous les jours, toutes les nuits. Et s'ils s'étaient trompés ? Et si tu pouvais retourner en arrière ? En avril. Le jour d'une autre annonce. Tellement différente celle-ci. L'annonce que vous attendez un enfant, enfin. Puis l'annonce qu'ils étaient deux.

Deux ils sont et deux ils resteront. Tu commences à les sentir bouger, un coup à gauche, un coup à droite, et tu te plais à penser qu'ils communiquent. Chacun sait que l'autre existe. Ils se sentent, ils se frôlent, ils s'aiment déjà. Tu les apprivoises et tu te dis que finalement tu voudras le voir ce bébé que tu n'élèveras pas. Ta réaction de l'autre jour t'effraie. Comment as-tu pu avoir ce sentiment de rejet ?

Quelques jours après l'annonce, vous avez rencontré Madame Favre, petite femme emplie d'une empathie formidable et qui va vous donner les clefs pour traverser cette épreuve et en sortir sains et saufs. Elle vous écoute, ne vous juge pas, vous rassure, vous accompagne. Sans elle, sans ta famille, sans ton mari, sans tes amis proches tu as le sentiment que tu serais tombée. Tombée dans une léthargie qui aurait eu des allures de dépression. Tu te serais relevée mais tu aurais été très certainement encore plus abimée, encore plus meurtrie qu'aujourd'hui. Car perdre un enfant c'est un drame inconcevable. Et qu'on n'aille pas te dire que perdre un enfant à la naissance ce n'est rien, que c'est arrivé à des générations de femmes, que tu auras un autre bébé, qu'il faut relativiser. Tout cela tu ne peux pas l'entendre. Ce bébé tu commences à le sentir bouger, tu commences à l'aimer. Alors ce sera ton devoir de le pleurer le jour où il te sera arraché. De prendre la mesure de cette perte et pour une fois de t'écouter. D'écouter ta douleur, l'accueillir et l'accepter. Et d'y penser. De temps en temps. Parfois. Toujours.

La nuit tu ne dors pas. Tu te lèves et tu passes des heures à feuilleter des magazines spécialisés, à chercher des modèles de poussettes, de lits, de couffins. Faire défiler les pages et les images pour ne pas penser. La journée tu as du mal à te concentrer sur un livre, toi qui lisais tout le temps, partout, en voiture et même en marchant. Ton esprit s'égare sans cesse. Tu ressens une tristesse immense. Mais en même temps tu continues d'avancer. Tu t'achètes des tenues de grossesse car tu commences à t'arrondir. Et tu te fais prendre en photo tous les mois. Bientôt tu tiendras un bébé dans les bras. Tu ressens une joie immense. Tu n'aurais jamais imaginé vivre des émotions si opposées. Tu oscilles entre tristesse et joie en permanence. Attendre et porter deux bébés, les sentir dans la chair, les aimer à la folie et savoir que tu n'en auras qu'un seul à l'arrivée.

Tu vas régulièrement à l'hôpital pour faire des échographies et vérifier que « le bébé qui va bien » va toujours bien. « Le bébé qui va bien » et ... vous ne trouvez pas comment nommer l'autre bébé, ce pauvre bébé que vous venez de décider de ne pas garder.

Vous l'avez fait ce terrible choix. Vous avez décidé, en conscience, de ne pas lui infliger une vie de souffrance et de malheur. Et maintenant vous désirez le nommer, pour qu'il existe les quelques mois qu'il lui reste, au chaud dans ton ventre, en apesanteur, là où il ne souffre pas. Pour qu'il ne souffre pas.

Le résultat de l'amniocentèse est tombé, tel un couperet : *spina bifida aperta*. Terribles mots sur un tout petit fœtus. Et vous le savez maintenant, les bébés que vous attendez sont des filles, des jumelles. « Le bébé qui va bien » et… Vous désirez lui trouver un prénom à cette deuxième petite fille. Pour ne plus ne pas la nommer, pour ne plus dire une fois de trop « le bébé qui va mal ».

Vous cherchez. Ce bébé ne vivra pas, il restera un enfant dans ton corps, dans vos cœurs. Il lui faut un joli prénom et que sa toute petite vie *in utero* soit contenue dans ce nom.

Et voilà, vous avez trouvé un bien joli prénom : Fantine. Vous m'avez enfin trouvé un prénom, je peux vous le dire maintenant, c'est moi ce petit bébé qui ne verra pas le jour. J'ai un prénom donc j'existe dans le cœur de mes parents. On me nomme donc j'existe au monde même si je ne le verrai jamais. Fantine, la mère de Cosette dans Les Misérables. Vous vous sentez tellement misérables. Mais ce n'est qu'un hasard. Vous avez choisi ce doux prénom car Fantine, *infans* en latin, veut dire enfant. Je ne grandirai pas et je resterai à tout jamais un enfant. Votre enfant.

Fantine. Maman, quand tu entendras mon prénom parfois, au hasard d'une rue ou dans une conversation, tu tressauteras. Toujours.

Fantine pour toi cela ne peut être que moi. Fantine, mon prénom est tellement lourd de ce poids de ton passé que personne d'autre ne peut le porter. Ma sœur jumelle devra attendre encore un peu pour être nommée. Vous préférez la rencontrer avant de la prénommer.

L'important pour vous était que j'entende mon prénom avant de partir. Que je puisse m'en souvenir. Que je vous entende de là-haut parler de moi ici-bas.

Jour après jour vous survivez. Jour après jour vous vous posez les mêmes questions. Le « bébé qui va bien » va-t-il continuer d'aller bien ? Cette incertitude vous pèse. Et si Fantine rendait sa sœur malade ? Et si Fantine décidait de venir plus tôt ? Vous vous retrouveriez avec un bébé anormal et un très grand prématuré. Tu préfères arrêter de penser. Imaginer le pire ne sert à rien. Mais tu n'arrives pas à te concentrer. Tu essaies de lire mais ton esprit s'égare. Tu n'as pas envie de voir du monde. Tu n'as pas envie de voir la pitié dans les yeux des gens. C'est tellement difficile. Tu as bien grossi et il t'arrive de croiser des connaissances qui ne savent pas.

- Oh mais vous avez bien pris ! Vous êtes enceinte de combien ?
- De 6 mois….
- De 6 mois ! Mais vous êtes bien grosse !
- Oui c'est que j'attends des jumeaux.
- Eh bien, il va falloir vous organiser parce que les tétées cela ne va pas être simple !
- Non, cela ne va pas être simple.

S'ils savaient combien ce n'était déjà pas simple. S'ils savaient… Mais comment leur dire. Non tu n'as pas envie de leur dire. Tu n'as pas envie de raconter ta vie, comme cela, à des presque inconnus. Alors tu éludes et tu passes ton chemin, pour rentrer à la maison et te coucher sur ton lit, en larmes et en désespoir.

Les mois passent et vous continuez malgré tout à prendre des photos de toi, pour vous souvenir. Ton sourire est las, tes traits semblent tirés. Mais qui pourrait deviner la terrible déroute qui te ronge ?

Je m'en souviens maintenant. Ta folle angoisse, ta détresse profonde, ton regard inquiet, cette peur que les autres lisaient dans tes yeux et que je ressentais, lovée au creux de ton ventre.

Le grand départ

Les mois passent, il doit faire de plus en plus froid dehors car je devine que tu te confines et que tu hivernes de plus en plus. J'entends le son de ta voix maintenant et aussi celle de Papa, douce et chaude. De temps en temps aussi le chant de ton violoncelle parvient jusqu'à mes oreilles, léger et plaintif. Tu ne joues que des airs tristes.

Ma sœur a dû bien grandir car je la sens qui bouge à côté. Quelquefois elle me donne des grands coups de pied. Quelle énergie ! Moi je suis plus calme. Je ne sais pas pourquoi. Et il me semble que quelque chose de terrible va survenir. Je le pressens dans la façon dont tu frissonnes. Je sens ton ventre noué depuis des semaines. Je t'entends pleurer.

Et puis un matin, Papa et toi vous vous mettez à me parler. Pas à nous deux, mais à moi toute seule. Je m'en souviens comme si c'était hier.

« *Ma chérie nous t'aimons très fort, nous t'aimerons toujours. Surtout ne sois pas triste. Nous avons choisi ce chemin pour t'éviter de souffrir. Tu n'aurais pas pu vivre normalement. Tu n'aurais pas marché, tu n'aurais pas parlé, tu n'aurais pas ri. Tu seras toujours dans nos cœurs* ». Vos voix chevrotent, vous avez du mal à articuler tant les sanglots redoublent. « *Tu seras toujours dans nos cœurs et dans celui de ta petite sœur. Tu ne souffriras pas, nous te le promettons. Au revoir petite Fantine.* » Puis, après des sanglots longs et des pleurs inconsolables c'est le silence. Puis je perçois un mouvement. Nous partons. Où m'emmenez-vous ?

Depuis le début je sentais bien que quelque chose n'était pas normal. J'avais l'impression d'être un poisson. Je savais bien que je ne bougeais pas comme ma sœur. Moi je flottais, balancée au gré de ses mouvements et de tes pas, Maman. J'ai maintenant compris que le grand départ est proche, que je ne vais jamais arriver et qu'il me faut déjà repartir. Je suis angoissée face à ce grand saut si imprévu et si proche. J'ai peur Maman. Si tu savais comme j'ai peur.

J'entends des voix autour de toi. On t'emmène. Puis plus aucun son ne me vient de l'extérieur. Tout semble calme et pourtant je te sens fébrile Maman. Puis je t'entends pleurer doucement.

Tout à coup je sens comme une minuscule brûlure et aussitôt je m'envole. Propulsée vers le ciel, je monte en l'air puis il me semble que je plane. Une vieille dame me tend les bras en me faisant un grand sourire. Je ne comprends pas. Qui est-ce ? Je te vois allongée sur un lit d'hôpital, les mains sur ton ventre, le regard perdu. Tu restes des minutes entières comme cela,

Papa à côté de toi. Puis la nuit tombe et il s'en va. J'entends que tu écoutes en boucle une jolie musique. Apparemment c'est la bande originale du film *Amélie Poulain*, je le lis sur le disque que tu as déposé sur la table de nuit. Tu restes ainsi des heures à penser, à pleurer, les yeux embués et hagards. Je peux voir mon corps, tout petit, lové inerte au creux de tes reins. Ma sœur semble plus calme, sans doute a-t-elle compris que je m'en allais. Il faudra le lui dire, hein Maman ? Il faudra lui parler de moi !

La nuit est tout à fait tombée maintenant. Ce jour est à marquer d'une pierre noire, te dis-tu, car je viens de partir. Nous sommes le 13 décembre 2001.

La nuit qui suit tu t'en souviendras toute ta vie. Seule dans une chambre d'hôpital. Avec dans le ventre un bébé mort et un bébé vivant. Et personne avec qui partager ta douleur à ce moment-là. On vous l'avait bien expliqué que cela se passerait ainsi. Que pour me laisser disparaitre, vous deviez attendre que ma sœur soit assez grande pour naître. Mais tu étais loin de t'imaginer cette douleur extrême. Tu avais lu des témoignages de femmes qui avaient perdu un enfant. Mais jamais personne n'avait raconté la même histoire que la vôtre.

Une semaine passe, sept jours abominables jours où je te vois errer, prête à donner la vie mais aussi en deuil d'un bébé que tu n'as jamais tenu dans tes bras, en manque d'un être dont tu ne connaîtras jamais la couleur des yeux. Ce n'est pas humain. Mais c'est pourtant ce que tu vis. Et tu te raccroches à ce deuxième bébé dont tu vas bientôt découvrir le visage.

Aujourd'hui nous sommes le 20 décembre, un jour à marquer d'une pierre blanche et lumineuse. Tu ne le sais pas encore mais moi je te le dis. Je suis fière de ma sœur.

Tu pars à l'hôpital avec Papa, où tu dois accoucher par césarienne. Ma sœur s'est allongée en transverse sur moi alors c'est la seule solution. Le 20 décembre. La date de naissance de ma sœur et officiellement la date de ma mort. C'est faux, je suis partie le 13 décembre. Mais sur le livret de famille on écrira : *Fantine, enfant présentement sans vie, décédée le 20 décembre 2001.*

Fantine, une enfant. C'est bien. J'existe. Je pense à tous les autres bébés mort-nés comme moi qu'on a gommés, qu'on a oblitérés, qu'on a niés, qui n'ont jamais existé dans le cœur de personne. Finalement j'ai de la chance. J'ai une famille qui m'aime. Même si je n'ai fait que passer. Finalement j'ai gagné sept jours. Sept jours que je volette au-dessus de toi Maman et que mon corps endormi profite encore un peu de la chaleur du tien. Mais j'ai bien compris que pendant tous ces derniers jours tu ne vivais plus. Tu étais dans l'attente et dans l'angoisse. Quand ma sœur bougeait « de mon côté » tu sursautais. Non cela n'est pas possible. Le « bébé qui va bien » a dû changer de place. Tu as passé tous ces jours avec deux bébés en toi, l'un vivant, l'autre mort. Comment peut-on survivre à ça ? Qui peut comprendre ça ? Je vois bien que des années après tu ne peux toujours pas en parler comme tu le voudrais. Ma petite Maman il te faudra l'écrire…

Te voilà sur un lit d'hôpital, de nouveau. Tu attends qu'on vienne te chercher. Au bout d'une heure une sage-femme rentre dans la chambre. « *Venez Madame nous allons vous les extraire* ». Tu la regardes, éberluée. Tu la reprends. « *Vous rendez-vous compte de ce que vous venez de dire Madame ? Me les extraire !* » Ton chagrin n'a pas effacé ton franc-parler et ta spontanéité. La sage-femme se sent confuse. Tu te lèves et montes sur le brancard. On t'emmène dans la salle d'accouchement pendant que Papa attend dans une pièce à côté. Tu es inquiète car tu te demandes comment est ma sœur. Tu as choisi une autre musique pour la circonstance, le *Trio n° 7 L'archiduc pour piano* de Beethoven. Plus tard, beaucoup plus tard, ces deux musiques resteront toujours liées à nous deux. Yann Tiersen pour Fantine et Beethoven pour Léa.

Oui ma sœur s'appelle Léa. « *C'est un tout petit prénom pour un cœur grand comme ça* » dira une chanson. Soudain tu entends un cri de bébé et on te rassure. Il est exactement 19h54. Une sage-femme, qui est restée près de toi tout le temps, te dit que ton bébé est très harmonieux. Tu te détends enfin. Comme je volette dans la pièce, j'ai le privilège de voir ma sœur avant toi Maman. Elle est toute petite. 2 kilos 400 pour 48 centimètres m'a-t-il semblé entendre. Toute brune, elle a les traits fins. Je réalise soudain que si je n'avais pas été là elle serait née un bon mois plus tard. Mais voilà, la vie en a décidé autrement.

Je virevolte encore un peu dans la lumière blafarde et je sors. J'aperçois Papa prendre Léa dans ses bras et un court instant ils se regardent. Intensément. Je me sens seule soudain. Et je suis tellement triste ! J'aurais tant aimé être dans les bras de mon Papa moi aussi. La nuit arrive, Papa est reparti et tu ne dors pas. Je sais que tu penses à moi. Car demain tu dois venir me voir. Enfin, voir ce qu'il reste de moi ici-bas. Tu es inquiète car Léa n'arrive pas à téter. Tu tires ton lait et tu le lui donnes à la tasse. Un tout petit gobelet en plastique que tu lui glisses doucement entre les lèvres. Un peu repue, elle s'endort enfin.

Le lendemain, tandis que j'erre triste et résignée au-dessus de toi, je te vois rentrer dans une salle sombre, accompagnée de Papa. On avance un petit corps sous un drap blanc. C'est le mien. Enfin c'était. Tu me regardes. Tu avances un peu mais pas trop. Tu es figée. Tu ne peux pas faire deux pas de plus. Tu ne peux pas t'avancer pour me toucher. Tu ne peux pas me faire un bisou. Je ne t'en veux pas le moins du monde à ce moment-là. De toute façon je ne le sentirais pas. Papa me regarde aussi, les yeux embués. Je me regarde aussi. Je suis allongée sous ce drap qui laisse juste entrevoir mon visage. Je suis coiffée d'un petit bonnet beige. J'ai les yeux fermés. Ils sont en amande, comme ceux de ma sœur. J'ai l'air apaisé...

De retour dans ta chambre tu t'empresses d'enlever le petit bonnet beige du petit crâne de Léa et tu lui en mets un que tu as apporté, tout doux. Je ne me souviens plus de sa couleur. Tu restes plusieurs jours ici car Léa est encore trop petite pour sortir.

Le réveillon de Noël arrive. Vous avez décoré la chambre et vous avez dîné avec du foie gras et un bon vin blanc que vous avez offert aux infirmières. Cette chambre est côté nord, il y fait froid, Léa n'arrive pas à se réchauffer et ne parvient toujours pas à téter. Le lendemain vous changez d'étage et regagnez l'espace des prématurés. Léa échappe à la couveuse et a droit à un berceau chauffant. À peine déposée sur ce nouveau nid tout tiède, elle se met à sourire. Un large sourire. Et elle semble se détendre tout d'un coup. La chambre est petite mais tu t'y sens bien. Tu dors à côté d'elle sur un lit d'appoint. Tu la veilles et je te vois écrire des adresses sur des enveloppes. Ce sont nos faire-part.

Vous ne vouliez pas me gommer de la surface de la terre. Vous ne pouviez pas annoncer la naissance de ma sœur en taisant mon existence, fut-elle fugace. Aussi vous avez joliment annoncé la naissance de Léa sur un beau faire-part bleu nuit :

Nous avons le bonheur de vous annoncer

la naissance de Léa, le 20 décembre 2001

et vous avez glissé un petit feuillet au milieu me concernant :

Une pensée pour Fantine,

qui n'a pas pu continuer son chemin avec nous.

Je vous remercie infiniment. Ces mots tout simples signifient tant pour moi. Vous m'avez reconnue, vous pensez à moi et vous voulez dire au monde entier que j'ai existé et que j'existe dans vos cœurs.

Trois jours plus tard tu reviens voir mon petit corps Maman. Une dernière fois. Pour te souvenir. Pour ne pas oublier.

Comme si tu allais oublier…

Et puis soudain je me retrouve planant au-dessus d'un tout petit village dans un joli coin de Corrèze. Il neige. J'aperçois un groupe de gens dans un petit cimetière. Je m'approche doucement et je reconnais mon papa, en larmes. Et tu n'es pas là Maman. Je devine qu'il est entouré de vos parents. Il y a aussi une dame plus âgée, le regard bleu d'une tristesse infinie. Je saurai plus tard qu'elle s'appelle

Léonie. Puis, je vois devant eux, un tout petit cercueil blanc. Tandis qu'on le dépose doucement dans le caveau familial j'entends quelqu'un prier en silence. C'est ton papa Maman. Je l'entends demander à sa mère de m'accueillir et de veiller sur moi. C'était donc ta grand-mère cette vieille dame si gentille. Elle m'a recueillie le premier jour de mon envol en me disant tout simplement « *je suis ton arrière-grand-mère Antoinette et c'est maintenant moi qui vais prendre soin de toi* ». Ton papa pouvait être rassuré ce jour-là. Je n'étais plus toute seule. Je l'entends ensuite prendre la parole, suivi par mon autre grand-père. Je ne comprends pas ce qu'ils disent mais la musique de leurs mots me réconforte aussitôt et je ressens instantanément leur amour et leur profonde empathie.

Léa ma petite sœur réussira finalement à téter le lendemain de mon enterrement. Comme si elle était libérée, ou à moins que ce soit toi Maman...

Tu sais, je peux te le dire maintenant après toutes ces années, j'ai souffert. J'ai eu peur au moment du passage. Mais une fois que j'ai pris mon envol je me suis sentie soudain beaucoup plus légère. Je vous voyais tristes et désemparés bien-sûr mais j'étais presque bien tout là-haut. Et quand j'ai compris que j'allais pouvoir rester au-dessus de vos vies cela m'a presque rassurée. J'étais là et je serais toujours là, avec vous.

La vie continue

Enfin rentrée à la maison tu retrouves un peu de gaité auprès de Léa. Vous lui avez tout de suite dit qu'elle avait une sœur. Moi. Avec vos mots. Avec le ton approprié pour un bébé qui vient de naître et Léa a sans doute été rassurée. Rassurée car elle a compris pourquoi elle sentait ces légères ondulations à côté d'elle quand elle était encore dans ton ventre. Elle a mis des mots sur ces mouvements furtifs. Elle peut maintenant cheminer tranquille car elle sait. Même si de temps en temps, quand elle saura parler, elle vous dira que je lui manque.

Puis vient l'année 2004 Maman. Et elle ressemble étrangement à l'année 2001. Tu donnes la vie et tu côtoies la mort. Le 19 janvier ma petite sœur Louise arrive. Vous ne vous attendiez pas à cela. Cette fois-ci pas de traitement ni d'hôpital. Louise débarque dans vos vies sans prévenir. C'est un beau bébé rieur qui fera votre joie, joie balayée quelques jours plus tard avec la mort de ton père Maman.

Je l'ai su avant toi d'ailleurs. Alors qu'il fait encore nuit sur terre, un matin très tôt, je vois surgir un Monsieur que je reconnais aussitôt. Je l'avais vu au cimetière, c'est lui qui avait adressé une prière à sa mère. Avec son large sourire il me dit « *te voilà Fantine je pensais bien te retrouver* ». Il semble avoir beaucoup souffert, dans son corps, dans tout son être mais il est surtout préoccupé de vous avoir laissés tous, comme cela, si vite, surtout son épouse. Puis son optimisme légendaire revient et il me prend sous son aile. Il est très heureux de retrouver sa maman. Je comprends qu'ils étaient très proches. Et puis il chante tout le temps. Nous sommes vraiment une chouette famille. Quel dommage, je vais devoir attendre encore avant de tous vous rencontrer.

Tu es à nouveau dévastée de chagrin ma Maman. Tu as bien sûr tes deux petites filles, Léa et Louise, mais ton père te manque terriblement.

Mon occupation préférée c'est d'observer ma sœur. Elle est vraiment mignonne et a l'air espiègle. J'ai entendu que tu l'appelles Choupie c'est mignon. Et j'aime bien aussi regarder Louise. On dirait qu'elle n'a pas le même caractère. Elle observe tout le temps, tout le monde. C'est marrant.

Depuis quelque temps, tu rêves d'avoir un autre enfant Maman. Et tu aimerais tellement un petit garçon. Un petit garçon qui ressemblerait à ton père, qui le remplacerait. Et un jour je te vois remonter la rue où vous habitez en courant. Tu as l'air heureuse. J'entends que tu viens d'apprendre que vous attendez un garçon. Ton vœu le plus cher est exaucé. Et le 2 avril 2008, Antonin arrive. Sonnez tambours, sonnez trompettes, cette fois-ci c'est la vie et elle seule qui est au rendez-vous. Ce petit bonhomme ne remplacera jamais ton père mais en grandissant c'est vrai qu'il lui ressemble : ses sourcils épais, son sourire et son regard bon.

Les filles font de la danse. Oh cela m'aurait beaucoup plu aussi ! Et quand Léa est sur scène je vois des larmes couler sur tes joues. Je sais à qui tu penses. Tu penses à moi. Tu te dis que j'aurais dû être là aussi…

Ma sœur a 18 ans bientôt

Juin 2019, Moscou, Ambassade de France. Le salon d'honneur est plein, tous les parents des bacheliers sont présents. Soudain, à l'annonce de son nom, une jolie jeune-fille se lève et se dirige vers l'estrade. Elle avance. Elle est heureuse. Elle vient chercher son diplôme et se prépare à une nouvelle vie. Sur le côté de la salle, tu la filmes, les yeux embués par l'émotion. Soudain des vraies larmes coulent. De bonheur oui, de fierté certainement, d'angoisse aussi, à se dire que ça y est, déjà, ta fille quitte le nid et tu n'as pas vu passer les années. Mais au fond de ton cœur, de ton ventre, ces larmes s'adressent aussi à une autre petite fille qui aurait pu grandir tout pareil, qui se serait elle-aussi levée pour rejoindre l'estrade et recevoir son diplôme, qui elle-aussi aurait quitté le nid, si cette vague monstrueuse n'avait pas déferlé dix-huit ans plus tôt. Et cette autre petite fille Maman c'est moi. Ce nid, Maman, je ne l'ai jamais atteint et je me suis envolée vers les étoiles.

Fantine, un si joli prénom pour une enfant qui allait le rester à tout jamais, un si joli prénom que ma sœur Léa écrit de temps en temps, en souvenir...

Fantine s'est envolée trop tôt et Léa s'envole aujourd'hui. Tu la regardes, le chagrin reste, au fond de tes tripes, au fond de ton cœur et pourtant il t'aura fallu dix-huit ans pour parvenir à prononcer mon prénom sans pleurer, dix-huit ans pour en parler sereinement et de façon apaisée. La vague s'en est allée, remplacée par des vaguelettes qui vont et viennent, de temps en temps, sur la grève de ta mémoire, comme pour te rappeler ce petit être dont tu n'as jamais vu la couleur des yeux. Des jolis yeux couleur noisette, comme ceux de Léa, tu te plais à le croire.

Ton cœur se serre à chaque nouvelle étape de vie de ma sœur jumelle. Le temps passe sans doute plus vite chez toi. Et son si joli sourire, tu te plais à imaginer, qu'il est le mien… aussi. Quand je vous regarde, vous tous, Léa, Louise, Antonin, Papa, j'aimerais prendre une baguette magique, venir vous rejoindre et vivre ma vie de Fantine telle qu'elle aurait dû être. J'aurais tant voulu voir la couleur de tes yeux. Moi aussi Maman.

Moi aussi Maman

Tes larmes viennent, comme à chaque anniversaire. Tu voudrais tant revenir en arrière. M'espérer vivante, me sentir bouger, me parler, me prendre dans tes bras, entendre mon rire joyeux et oublier ce jour terrible où je vous ai quittés.

Moi aussi Maman.

Tu ne pensais pas autant souffrir. Un peu de toi est parti avec moi, là-haut, dans les étoiles. Mais tu as aujourd'hui mes sœurs et mon frère. Trois vies à aimer Maman. Aujourd'hui tu regrettes souvent que tout n'ait pas été différent.

Moi aussi Maman.

Maman il n'est pas trop tard. Ce lien qui nous unit n'a pas été brisé et tu m'aimes si fort que jamais tu ne m'oublieras. Tu me parles à chaque anniversaire et tu te demandes si je l'entends ta prière.

Moi aussi Maman.

Tu avances, tu te consoles, solitaire, car dans le chagrin on est toujours seul.

Fantine, éternel bébé des étoiles, décembre 2020

Mes remerciements

Mon époux David, mes chers enfants vivants Léa, Louise et Antonin, mes parents, ma grand-mère Léonie, mes beaux-parents.

Toute l'équipe du CHU de Poitiers : le Professeur Jean-Pierre Chansigaud, le Docteur Martine Dugue-Maréchaud, Madame Michèle Favrelière.